AF501130

Ln 27
28466

# NOTICE

SUR

# M. DE VIDAUD

LYON

P. N. JOSSERAND, LIBRAIRE-ÉDITEUR

3, PLACE BELLECOUR, 3

1875

# NOTICE

SUR

# M. DE VIDAUD

LYON
P. N. JOSSERAND, LIBRAIRE-ÉDITEUR
3, PLACE BELLECOUR, 3

1875

# NOTICE

SUR

# M. DE VIDAUD

La plupart des saints ayant vécu en dehors du monde et dans des situations exceptionnelles, on exagère trop souvent les obstacles que la vie commune oppose à notre salut. Cette vie commune est cependant voulue de Dieu ; c'est même la seule que Dieu ait directement établie ; c'est celle dans laquelle naissent tous les hommes et elle est nécessaire, car sans elle toutes les autres sont impossibles. Dieu étant souverainement bon et juste, on ne doit donc pas admettre que la sanctification soit beaucoup plus difficile dans cette sorte de vie que dans les autres.

Sanctification dans la vie commune et dans le monde, tel a été le caractère spécial et tel est le résumé de la vie de M. de Vidaud, et c'est pour cela surtout que ce grand serviteur de Dieu peut être proposé comme un modèle[1].

## I

Gabriel-Joseph de Vidaud naquit à Grenoble le 19 mars 1776. Son père, Jean-Jacques de la Tour-Vidaud, était conseiller d'État aux bu-

[1] *Modèle des chrétiens dans le monde ou Vie de M. Gabriel de Vidaud*, par le P. Pouget, de la Compagnie de Jésus. Toulouse, Édouard Privat, 1854.

reaux de la Librairie [1]; sa mère, Marie-Joséphine-Louise-Sophie de Cambis, appartenait à une famille établie depuis longues années dans le comtat d'Avignon et se rattachait aux Pazzi de Florence et à sainte Madeleine de Pazzi ; elle mourut quelques jours après lui avoir donné naissance.

M. de la Tour-Vidaud n'avait pas d'autre enfant que Gabriel. Ne pouvant se résoudre à se séparer de lui et redoutant d'ailleurs la corruption qui régnait dans les colléges, il confia le soin de son éducation à un précepteur ecclésiastique. Mais sa confiance fut trahie. Cet indigne précepteur maltraitait son élève et se signala plus tard en 1793 et 1794 par sa conduite scandaleuse. Il fut heureusement remplacé par un prêtre respectable, M. Lacombe, qui vivait encore en 1826. Gabriel de Vidaud ne s'était jamais plaint des mauvais traitements que lui avait fait endurer son premier précepteur; il témoigna toujours à M. Lacombe la plus vive reconnaissance. Il fit sa première communion à Versailles, le 3 mai 1789, et y fut confirmé peu de jours après.

Cependant la Révolution avait éclaté et répandait partout ses ravages. Après la mort du roi, M. de la Tour-Vidaud se retira à Avignon pour y vivre dans le deuil et la retraite. Mais ses anciennes fonctions de conseiller d'État, sa piété, sa fortune étaient trop connues pour qu'on pût l'oublier. Il fut arrêté avec Mme de la Tour-Vidaud, sa mère, qui avait alors quatre-vingt-sept ans [2], et transporté immédiatement à Orange, où un tribunal révolutionnaire les condamna à mort et confisqua leurs biens.

Mme de la Tour-Vidaud, affaiblie par l'âge, n'avait rien compris à son interrogatoire; elle n'en dut pas moins marcher à l'échafaud. le jour même. Dans le fatal trajet qu'elle fit péniblement, appuyée sur le bras de son fils, elle lui disait d'un air étonné : « Mon ami, où allons nous? Et son fils lui répondait : « Au ciel, ma mère! — Mais, mon ami, où souperons-nous ce soir? — Avec les anges, ma mère! » Arrivé au pied de l'échafaud, M. de la Tour-

1 La famille de Vidaud était originaire de Lyon. Le château de Saint-Genis-Laval, dont une tour portait le nom de *tour Vidaude*, lui aurait jadis appartenu.

2 Elle était veuve de M. de La Tour-Vidaud, procureur général au parlement de Grenoble et gouverneur du Dauphiné.

Vidaud, qui craignait, à ce moment suprême, d'abandonner sa mère à des scélérats, obtint la faveur de n'être *expédié* qu'après elle. Il l'aida à gravir les marches, la vit mourir, se laissa ensuite lier et mourut à son tour sans se plaindre.

Son fils Gabriel avait échappé, comme par miracle, aux poursuites. Afin de le sauver des fureurs de la Révolution, des amis de sa famille le firent engager, comme grenadier, sous le seul nom de Gabriel, dans un bataillon de volontaires de la Corrèze. Son corps, endurci à la fatigue par une éducation austère, était assez vigoureux pour se plier au rude métier de soldat; mais on comprend sans peine tout ce que son âme délicate et chrétienne eut à souffrir au milieu de jeunes gens exaltés par le fanatisme révolutionnaire, grossiers et débauchés. Au bout d'un an, il put, grâce à des protecteurs puissants et discrets, sortir de ce bataillon de *sans-culottes* et entrer comme ouvrier à l'arsenal de Grenoble. Son père, soit pressentiment, soit coutume à cette époque, lui avait fait apprendre l'état de serrurier. Le petit-fils du gouverneur du Dauphiné ne se distingua des simples ouvriers, pendant les dix-huit mois qu'il resta à l'arsenal de Grenoble, que par son ardeur au travail et par sa modestie.

Après le 9 thermidor et la mort de Robespierre, le jeune de Vidaud fut nommé, avec plusieurs autres jeunes gens, adjoint au génie de l'armée des Alpes; mais il n'y demeura pas longtemps, quitta le service et ne fut plus recherché comme conscrit. Le gouvernement avait ordonné la restitution de tous les biens confisqués qui n'avaient pas encore été vendus. Gabriel de Vidaud put recouvrer ainsi la plus grande partie de sa fortune, entre autres la terre de la Bâtie, située à peu de distance de Belleville-sur-Saône, dans l'ancienne principauté de Dombes [1].

Quoique réintégré dans l'héritage paternel et possesseur d'une fortune considérable, Gabriel de Vidaud vécut, pendant trois ou quatre ans, à Grenoble, dans un modeste appartement qu'il occupait avec l'ancienne gouvernante de sa première enfance. Il s'y adonnait à l'étude

1 La *Bâtie*, érigée en comté par les princes de Dombes, avait été vendue par mademoiselle de Montpensier à M. de Vidaud, gouverneur du Dauphiné, en 1731 et 1732. Pendant la Révolution, le château fut baissé d'un étage et ses dix-neuf tours rasées ou tronçonnées par le milieu.

de la chimie, de la physique et de la mécanique, fréquentant seulement quelques amis qu'il édifiait par sa piété. Comme les prêtres étaient toujours persécutés et que l'exercice public de la religion était encore impossible, sa chambre se transformait chaque dimanche en une chapelle où il servait lui-même la messe.

## II

Se voyant isolé, presque sans famille, trouvant sa vie sans but, il se décida à se marier et épousa, à l'âge de vingt-deux ans, une jeune fille qui en avait dix-neuf et qui se distinguait aussi par sa piété fervente, M^lle^ Gabrielle Pianelli de la Valette, issue d'une ancienne famille originaire d'Espagne. Le mariage eut lieu à Grenoble le 3 mai 1798, dans une simple chambre où les membres des deux familles furent seuls admis. M. de Vidaud était grand, bien fait; il aimait la musique, même la danse, dans la mesure que comportaient sa naissance et son rang; il prit de suite un appartement en rapport avec sa position et ne négligea rien pour plaire à sa femme et à sa nouvelle famille. Deux enfants, deux filles, naquirent bientôt de cette union chrétienne. Mais la seconde coûta la vie à sa mère.

La douleur qu'éprouva M. de Vidaud fut extrêmement vive. Il ne fit entendre ni plaintes, ni murmures; mais il conserva toute sa vie dans son cœur, et avec une fidélité inviolable, le souvenir de celle qu'il avait perdue. « Je la connais, disait-il un jour, cette douleur que causent les séparations de la mort, et, pour moi, depuis trente ans, elle est toujours la même. » Et comme l'humilité chez lui accompagnait tous les autres sentiments, il disait quelquefois à ses enfants, longtemps après : « Dieu m'a enlevé votre mère, parce que j'étais indigne de lui être uni. »

Tous les jours, il se rendait au cimetière de Grenoble, alors situé sur les bords du Drac, à l'endroit où se trouve actuellement le polygone d'artillerie. Arrivé là, il se mettait à genoux sur la pierre du tombeau où étaient déposés les restes de sa femme. Il y restait longtemps en prière et revenait ensuite à la ville, avec le même calme et la même résignation. Il continua ce pieux pèlerinage tant qu'exista le cimetière.

Privé de celle qu'il aimait encore si tendrement, M. de Vidaud recueillit et garda comme un trésor sacré tout ce qui lui avait appartenu, jusqu'au rameau de buis avec lequel on avait jeté de l'eau bénite sur sa dépouille mortelle, recommandant qu'on s'en servît aussi pour lui-même quand Dieu l'appellerait.

M. de Vidaud était déjà un modèle de vertu. La mort de sa femme le fit avancer d'un pas encore plus rapide et plus sûr dans la voie de la perfection chrétienne.

Il y avait alors à Grenoble un ancien religieux nommé le P. Émilien. C'était un prêtre vénérable qui, au péril de sa vie, n'avait cessé, pendant la Terreur, de secourir les âmes qui réclamaient secrètement l'exercice de son saint ministère. M. de Vidaud le prit pour confesseur et directeur. Le P. Émilien permettait à son pénitent de se livrer à des jeûnes multipliés et de passer en prières la plupart de ses nuits. Un genre de vie aussi austère finit par abattre la vigueur de son tempérament; ses jambes enflèrent et sa santé s'altéra. Ses affaires l'ayant obligé de se rendre à Paris et d'y passer quelque temps, il prit un nouveau directeur qui lui ordonna de moins jeûner et de dormir, et sa santé se rétablit.

Sa charité pour les pauvres et sa grande piété ne lui firent pas oublier ce qu'il devait à ses deux filles. Sa mise, depuis son veuvage, était devenue des plus modestes ; on le vit avec la même redingote de voyage pendant près de quinze ans. Mais ses vêtements, souvent usés étaient toujours propres, et il savait, lorsqu'il le fallait, surtout dans l'intérêt de ses enfants, déroger à ses goûts simples et à ses habitudes. Il acceptait de bonne grâce les invitations de ses parents et de ses amis ; sa toilette était alors soignée, conforme à sa position ; et comme il était fort aimable et de manières parfaites, il savait toujours cacher aux yeux des convives les mortifications qu'il s'imposait.

Après la mort de sa femme, quelques personnes crurent qu'il allait entrer dans un séminaire et se vouer au ministère des autels. Ce ne fut jamais sa pensée : il ne se sentait pas appelé à une vocation si haute et ne songeait qu'à se sanctifier dans le monde. N'ayant [illegible] cinq ans lorsqu'il perdit sa femme, on pensa qu'il se remarierait et plusieurs personnes firent des démarches pour l'y engager; mais il repoussa invariablement toutes les ouvertures. Obligé de faire un assez long séjour à Paris, il y visitait fréquemment une de ses tantes qui avait une fille à marier. Mme de S... l'aurait pris volontiers pour gendre; mais le neveu gardait toujours une extrême réserve. Au bout de six mois elle résolut d'aborder directement la question et lui dit : « Gabriel, comment trouvez-vous ma fille? — Ma tante, répondit M. de Vidaud, je ne l'ai pas regardée. »

M. de Vidaud, décidé à demeurer dans le monde et à ne pas se remarier, se consacra entièrement à l'éducation de ses deux filles. Il ne négligeait en elles ni l'âme, ni le corps, et savait leur inspirer une douce piété. Un de ses amis étant venu le voir un jour le trouva seul à la maison avec elles : « J'ai envoyé tous les domestiques aux offices, lui dit-il, il faut bien que quelqu'un garde les enfants. »

Lorsque ses filles eurent, l'aînée huit ans et la cadette six, il les confia aux sœurs du Sacré-Cœur à Grenoble. Il venait les voir fréquemment et, les jours de sortie, ne les perdait pas de vue; il avait coutume de dire « qu'un rien peut porter atteinte à la candeur et à l'innocence d'un enfant. »

En 1819, lorsque sa fille aînée Zoé eut atteint sa vingtième année, il lui fit épouser un jeune homme distingué et d'une illustre famille, M. le marquis de Chabannes.

Louise, la seconde de ses filles avait manifesté, dès l'âge de quinze ans, l'intention d'embrasser la vie religieuse. Certaines personnes conseillèrent à M. de Vidaud de la garder pendant quelque temps avec lui dans le monde afin d'éprouver sa vocation. Il ne partagea pas cet avis, et Louise prit l'habit au couvent du Sacré-Cœur de Grenoble, quelques mois avant le mariage de sa sœur. L'année suivante, elle prononça ses premiers vœux à Paris, entre les mains de Mgr de Quelen.

## III

Toute la vie de M. de Vidaud se résume dans son amour de Dieu, sa charité pour les pauvres, son humilité profonde.

Entré, l'un des premiers, dans la Congrégation de la Sainte-Vierge, lorsqu'elle fut établie à Grenoble en 1803, sous la direction des Pères de la Compagnie de Jésus, il y trouva de précieux secours pour sa sanctification.

La sainteté exige un effort constant de l'âme sur elle-même. L'étonnante égalité d'humeur qu'on admirait chez M. de Vidaud ne lui était pas naturelle. Peu de temps après le supplice de son père et de son aïeule, un de ses amis le rencontra seul et armé sur la route d'Avignon à Orange; il lui demanda où il allait : « Je vais, répondit-il, à la recherche des meurtriers de mon père et de ma grand'mère. » Mais la grâce de Dieu lui fit abandonner ses projets de vengeance et il ne s'en ressouvint jamais plus que pour s'en repentir. Un jour qu'il avait fait l'aumône à un pauvre inconnu, il apprit qu'il était un des meurtriers de son père; il le fit rappeler et tripla son aumône.

Malgré ses nombreuses occupations, il possédait constamment son âme en paix et avait une précieuse liberté d'esprit qui le mettait au-dessus des embarras et des affaires. Toujours très-appliqué à la chose qu'il faisait, suivant sa maxime favorite : *Age quod agis*[1], il l'abandonnait volontiers pour en entreprendre une autre plus urgente, sauf à y revenir plus tard. Il avait aussi pour maxime que plus on a de fortune, plus on est obligé de travailler et de s'instruire, surtout des choses de la religion. Allait-il chez quelqu'un pour affaire et le faisait-on attendre, il se mettait à genoux, si cela pouvait se faire sans singularité, et priait; sinon il tirait de sa poche un livre de piété et lisait.

Afin de ne pas perdre de temps, il s'était fait faire, par son directeur, un règlement qu'il suivait avec la plus grande exactitude. Il se levait tous les jours, à cinq heures, faisait une longue oraison et allait entendre la messe. Il retournait ensuite chez lui, déjeûnait à sept heures et demie, dînait à midi et consacrait le reste de la journée, soit à la prière et à la lecture, soit à une correspondance active et très-étendue, soit à régler ses affaires et à visiter ses propriétés. Il ne négligeait rien et faisait, en vue de Dieu, les moindres choses. Il soupait à huit heures et se couchait à dix, de manière à dormir sept heures.

M. de Vidaud observait rigoureusement les jeûnes prescrits par

[1] Ne fais que ce que tu fais.

l'Église; il se confessait tous les huit jours, le vendredi, après un examen d'un quart d'heure et accomplissait sa pénitence le plus tôt possible, ordinairement après la messe qui suivait sa confession. Il communia d'abord les dimanches, lundis, mercredis, vendredis de chaqne semaine et les jours de fêtes; puis tous les jours, sauf le mercredi, qui fut alors réservé à la confession.

Lorsqu'il priait, sa ferveur était si grande, qu'il ne s'apercevait pas de ce qui se passait autour de lui. Un ouvrier ayant eu un jour à lui parler, entra dans sa chambre et l'appela plusieurs fois. M. de Vidaud était en oraison; il n'entendit pas. L'ouvrier sortit et dit à ses compagnons : « M. de Vidaud est au ciel maintenant; quand il en descendra, nous lui parlerons affaires. »

M. de Vidaud était comme en famille avec ses domestiques et poussait la bonté pour eux presque jusqu'à l'excès. Il craignait de les déranger et de leur faire de la peine dans les moindres choses. S'il rentrait chez lui tard, c'était sans être aperçu et sans jamais réclamer leurs services. Tous les soirs, il leur faisait la prière, et pendant l'Avent et le Carême, il y ajoutait une lecture. Il arrivait quelquefois que, fatigué des travaux de la journée, l'un d'eux s'endormait; si ses camarades voulaient le réveiller, le bon maître s'y opposait : « Laissez, disait-il, laissez; un seul mot suffit pour qu'on profite bien de la lecture et peut-être celui qui dort l'a-t-il entendu. »

Jamais maître ne fut moins exigeant. Les mets les plus simples étaient ceux qu'il préférait; il savait même s'en passer au besoin. Un jour, deux côtelettes, qui composaient son dîner, avaient été enlevées par le chat; sa cuisinière vint le lui apprendre en pleurant : « Bien, bien, dit-il, avec une admirable tranquillité; il faut que tout le monde vive. » Et un morceau de fromage fit tout son repas.

Il ne buvait jamais plus d'une bouteille de vin très-commun par semaine. Les jours d'abstinence, son dîner se composait de deux plats, l'un d'herbes hâchées, l'autre de pommes de terre. Les pauvres d'un hospice de Grenoble s'étant plaints qu'on leur servît des haricots de mauvaise qualité, il les prit pour lui, les fit servir sur sa table et les remplaça par d'autres.

C'était s'exposer à faire maigre chère que d'arriver chez lui à l'improviste; mais il suffisait qu'il eût été prévenu pour qu'on fût convenablement traité. Quand il invitait à dîner ses parents et ses amis, il leur offrait une table bien fournie et dérogeait sans peine à ses habitudes frugales. Au reste, il montrait en tout, nous dit son biographe, un visage si bienveillant, qu'il mettait tout le monde à l'aise et qu'on trouvait aimable jusqu'à son austérité.

M. de Vidaud avait quelquefois des convives qu'on aurait été fort étonné de trouver ailleurs que chez lui. Un pauvre se présente à sa porte et lui dit qu'il n'a rien mangé depuis la veille : « Eh bien! mon ami, lui répond M. de Vidaud, vous allez dîner avec moi. » Le pauvre se met à sa table, mais il paraît soucieux. M. de Vidaud s'en aperçoit et lui en demande la cause : « C'est, dit le pauvre, que ma femme est à la porte; je vais faire un bon dîner et elle n'aura rien. — Vous avez raison, reprend le saint homme, allez la chercher, il y aura bien place pour elle. » La femme entre et le ménage se met à table. Par un heureux hasard, M. de Vidaud avait ce jour-là de la volaille; il l'abandonna à ses hôtes et se contenta de pommes de terre. Le pauvre et sa femme se retirèrent après avoir dîné pour deux jours.

Lorsqu'il invitait quelqu'un à sa table, il avait toujours en vue quelque bien à faire. — Un jeune étudiant en droit, dont la famille habitait non loin du château de la Bâtie, alla le voir à Grenoble. M. de Vidaud le reçut de la manière la plus affable et lui dit : « Mon ami, venez me voir souvent et dîner avec moi; » et il ajouta avec une grâce charmante : « Vous me ferez toujours plaisir, surtout le vendredi. »

La bonté de M. de Vidaud était loin d'exclure l'esprit et la finesse. Il avait fait cadeau d'une pièce de vin à une personne de son voisinage. Peu de temps après, il la rencontre et lui en demande des nouvelles. « Peuh! on ne dirait vraiment pas que ce vin sort de la cave d'un château. — Ah! reprend M. de Vidaud, j'en suis bien désolé; veuillez me le renvoyer, je vous rendrai l'argent qu'il vous a coûté. »

## IV

Ses affaires l'obligeaient à de fréquents voyages ; lorsqu'il se rendait à Lyon, sa première visite était pour Notre-Dame de Fourvière. Ses pèlerinages préférés étaient, en outre, Saint-Irénée à Lyon, Notre-Dame de Rochefort près d'Avignon, la Grande-Chartreuse, Notre-Dame du Puy, la Louvesc. En voyage, il portait habituellement avec lui un *Nouveau Testament* en latin et une *Imitation de Jésus-Christ.*

Malgré la distance et quel que fût le temps, il allait presque toujours à pied, sans faire attention au froid, à la pluie, à la fatigue, le visage calme et serein, se contentant de dire, lorsqu'on se plaignait de la rigueur de la saison : « Mon cher ami, ne nous plaignons pas du temps, c'est le bon Dieu qui nous l'envoie. »

Pendant longtemps, son hôtel d'Avignon fut employé à loger d'abord les Carmélites, puis l'archevêque d'Avignon, enfin les religieuses du Sacré-Cœur. Il ne s'était réservé qu'un réduit où il couchait sur un lit des plus simples et un cabinet où il ne faisait de feu que lorsqu'il devait recevoir une visite. Un jour, ayant eu à parler à la supérieure, il entra dans une salle et attendit qu'on l'eut avertie. Lorsque elle se présenta, il lui dit en l'abordant : « Madame, je n'aurais pas pris la liberté d'entrer ici, si l'on ne m'y avait engagé. » La supérieure, attendrie, de s'écrier aussitôt : « Eh ! quoi, Monsieur, n'êtes-vous pas chez vous? » Il se levait par respect, en voyant passer la moindre des religieuses, et devant sa propre fille. « Mais, mon père, lui disait un jour celle-ci, je suis votre fille ! — Mon enfant, répondit-il avec sa modestie accoutumée, je respecte votre habit. »

Lorsqu'on répara la chapelle des pénitents gris d'Avignon, il ne se contenta pas de donner une forte somme d'argent ; il voulut partager lui-même les travaux des ouvriers et on le vit servir de manœuvre aux maçons tant que les réparations durèrent.

S'il se rencontrait, dans les travaux, un endroit humide et malsain, il s'y plaçait de préférence, afin d'épargner à un ouvrier le danger d'une maladie, et, quand on voulait l'en faire sortir, il répondait :

« Pour moi, je puis, sans nuire à ma famille, m'exposer à quelques misères; j'ai de quoi me faire soigner; pour vous, il n'en est pas de même.»

Comme il revenait de Sorgues à Avignon, il rencontra sur la route un ouvrier qui marchait péniblement, un sac plein d'outils sur le dos. Il s'approche de lui, s'enquiert de son état, lui fait une aumône, et, malgré ses protestations, prend et porte son sac jusqu'à l'entrée de la ville.

On raconte qu'un jour il trouva dans la campagne un malheureux qui n'avait pas de chemise; il passa derrière une haie, se dépouilla de la sienne et la lui donna.

A Grenoble surtout, il s'occupait avec zèle de l'hôpital dont il était l'un des administrateurs, visitait assidûment les pauvres, les malades, les prisonniers, spécialement les condamnés à mort, qu'il exhortait et qu'il accompagnait jusqu'à l'échafaud avec l'aumônier.

Le trait suivant est encore un plus admirable exemple de charité personnelle. Le chef d'une famille respectable, ayant été mordu par un chien, tomba dans une mélancolie qui inspira des craintes sérieuses. Un voyage fut jugé nécessaire. Mais il fallait l'accompagner : M. de Vidaud s'offrit, l'entoura des soins les plus tendres et les plus dévoués et ne le rendit à sa famille que lorsque tout danger eut disparu.

M. de Vidaud sut se garder de tout sentiment d'animosité, même dans les procès. Ayant été obligé d'en soutenir un contre M. de Crillon, il rendait visite à son adversaire toutes les fois qu'il avait à lui envoyer une assignation et s'excusait d'avoir à employer cette formalité de justice. Cet acte d'une charité rare fut cause que les relations d'amitié qui existaient avant le procès entre les deux familles n'en furent pas altérées.

M. de Vidaud évitait, du reste, avec soin tout ce qui pouvait irriter. Si l'on avançait quelque erreur devant lui et qu'il y vît quelque utilité ou que la charité l'exigeât, il la redressait doucement, de manière à instruire sans blesser.

A l'exemple du divin Maître, il aimait les petits enfants et les caressait volontiers. L'un d'eux lui disait un jour : « On dit, Monsieur, que vous êtes un saint. — Eh! mon enfant, répondit-il avec humilité, prie instamment le bon Dieu pour que je le devienne. »

Sa charité exposait quelquefois son humilité à une rude épreuve.

Une femme qu'il secourait et dont il avait placé les deux filles dans une Providence l'injuria un jour publiquement sur la place de Saint-Didier, à Avignon. Comme le serviteur de Dieu ne répondait rien, cette malheureuse, irritée de son calme même, finit par le frapper et avec une telle violence que le sang coula. M. de Vidaud, sans tenir compte d'un si indigne traitement, s'essuya avec son mouchoir et continua sa route. Cependant la femme fut arrêtée, mise en prison et citée devant le tribunal. Mais M. de Vidaud se garda bien de l'accuser, et, le président lui ayant demandé si cette femme l'avait frappé, il répondit : « Peut-être bien, mais elle l'a fait si doucement que je m'en suis à peine aperçu. »

## V

C'est dans l'exercice de la charité que M. de Vidaud contracta la maladie dont il mourut. Au mois de février 1834, le saint homme revint du Morvan où il avait passé quelques jours auprès de sa fille aînée, M^me^ de Chabannes. A son arrivée à Grenoble, les religieuses du Sacré-Cœur quittaient cette ville pour transporter leur communauté à Marseille. Il les aida de ses propres mains à faire leur déménagement et contracta une fluxion de poitrine.

Pendant les huit jours que dura sa maladie, M. de Vidaud ne se plaignit jamais, ne poussa pas un soupir. Il priait constamment et, pour le soin de son corps, comme ont fait d'autres saintes âmes, s'en remettait à son entourage, ne demandait ni ne refusait rien et, avec un détachement parfait, répondait toujours : « Comme vous voudrez. »

La veille même de sa mort, il se leva encore et écrivit plusieurs lettres. Le médecin qui le soignait ne le croyait pas en danger ; c'est ce qui explique comment il se trouva privé de la consolation de voir autour de lui, à ce moment suprême, les membres de sa famille. Il reçut les sacrements avec une ferveur admirable et s'endormit, sans agonie, dans le sein de Dieu à l'âge de cinquante-huit ans, le 5 mars 1834. Son directeur, un ami, quelques vieux serviteurs assistèrent seuls à ses derniers instants.

A la nouvelle de sa mort, une foule immense vint prier auprès de son lit funèbre et faire toucher à ses précieux restes des chapelets, des médailles et autres objets de dévotion. La même foule accompagna son convoi avec des témoignages de regrets et de vénération.

Le corps de l'humble serviteur de Dieu, après avoir longtemps reposé dans le cimetière de Grenoble, au fond, sur la ligne de la petite chapelle, à une place où une simple pierre avec une inscription conservait son souvenir, a été transféré, le 21 juillet 1868, à la demande de M. le marquis de Chabannes, dans les caveaux du château de la Bâtie où il repose aujourd'hui [1].

Telle fut la vie de M. de Vidaud. Il aurait été trop long de citer tous les actes de vertu que des témoins ont racontés de lui et qui doivent servir de base à sa béatification demandée par le diocèse d'Avignon ; il a fallu se restreindre et n'en prendre qu'un petit nombre. Peut-être les mortifications de M. de Vidaud effrayeront-elles certaines personnes. Mais il ne faut pas oublier que sa dévotion n'eut jamais rien d'exclusif, de morose ; qu'il sut toujours se plier aux circonstances, qu'il fut le plus tendre des maris et des pères, le plus dévoué des amis ; enfin, qu'il était de ces saints avec lesquels on voudrait toujours vivre, car en eux tout est aimable, jusqu'à l'austérité.

E. C.

1 *Semaine religieuse de Grenoble 1868-1869*, p. 69.



LYON. — IMPRIMERIE PITRAT AINÉ, RUE GENTIL, 4

www.ingramcontent.com/pod-product-compliance
Ingram Content Group UK Ltd.
Pitfield, Milton Keynes, MK11 3LW, UK
UKHW012128240726
13965UKWH00005B/2051

9 782011 906908